Tartares & carpaccios

Tartares
& carpaccios

Aude de Galard & Leslie Gogois

Photographies, Rina Nurra
Stylisme, Lissa Streeter

Avec la collaboration de Gaz de France

HACHETTE
Pratique

sommaire

je veux la recette !

Au moment de servir / BOTTE SECRÈTE / Écossez les fèves / Servez *illico presto* / GLANEZ DES FILETS DE POISSONS BLANCS / citronnelle et gingembre / aussi dépaysant que délicieux ! / LE TRUC DE STÉPHAN / lait de coco et coriandre / au frais 20 min environ / Didi et Lili sont toujours au régime... / 300 g de pavé de saumon / c'est tellement bon et moelleux ! / (200 G AU TOTAL) / un tartare *so fresh* / Recette pour épater... / Salez et poivrez / un vrai péché mignon ! / 1 CUIL. À SOUPE DE CHUTNEY / Carpaccio de langoustines / saison du melon pointe son nez / glissez-les dans un sac de congélation / Ajoutez au centre 1 boule de sorbet au citron / idéale pour cette superbe recette / À LA FIN DES 20 MIN / la peau et les arêtes de la lotte / une note de couleur en plus / Carpaccio express / Le mirin est un vin de riz japonais / SURGELÉ OU MOULU / poissons fumés / JETEZ-VOUS DESSUS / Le verre de vin qui va bien / À VOUS D'AJUSTER / Super bon / 3 cuil. à soupe d'huile / ½ citron / à l'aide d'un couteau économe / c'était bluffant ! / ça marche aussi / PECORINO ET SERRANO / Offrez-lui les honneurs / Tartare de légumes / poignée de pousses de soja / juste avant de servir / pêche jaune et pêche blanche / LA SAUCE AU NUTELLA / à feu doux / mangues mûres / REPOS 20 + 20 MIN / rouleau à pâtisserie / pointe d'un couteau / 4 feuilles de basilic

Tartare de légumes qui change

PRÉPARATION 25 MIN | **COÛT** ★ | **DIFFICULTÉ** ★

1 Rincez et égouttez les cœurs de palmier et les cœurs d'artichaut. Lavez le demi-concombre et ôtez une bande de peau sur deux à l'aide d'un couteau économe. Épluchez les carottes et coupez tous ces légumes en petits dés. Rincez les pousses de soja et séchez-les.

2 Dans un saladier, mélangez la sauce soja, l'huile d'olive, le vinaigre de riz et la coriandre. Ajoutez les légumes, mélangez bien et placez au frais jusqu'au moment de servir.

Les ingrédients pour 6 personnes

4 cœurs de palmier
6 cœurs d'artichaut à l'huile d'olive en bocal
½ concombre
3 petites carottes
1 poignée de pousses de soja
1 cuil. à soupe de sauce soja
2 cuil. à soupe d'huile d'olive
1 cuil. à café de vinaigre de riz
3 cuil. à soupe de coriandre ciselée surgelée

Astuce_ Variez les légumes de ce tartare en fonction de vos goûts et des saisons : tomates, courgettes, chou-fleur, champignons, brocolis ou encore petits pois.

la botte secrète d'aude et leslie

Nous, on adore ajouter des graines de sésame dans ce tartare végétarien !

Le *greek* tartare

PRÉPARATION 25 MIN | **COÛT** ★ | **DIFFICULTÉ** ★

Les ingrédients pour 4 personnes

- 3 tomates
- 3 tomates confites à l'huile d'olive
- 1 poignée d'olives noires
- 200 g de feta
- ½ concombre
- 4 pincées d'herbes de Provence
- 1 beau filet d'huile d'olive
- poivre

1 Lavez les tomates, épépinez-les grossièrement et coupez-les en petits morceaux. Égouttez les tomates confites, dénoyautez les olives et coupez le tout en mini-morceaux. Égouttez la feta et coupez-la en petits cubes.

2 Lavez le demi-concombre et coupez-le en petits dés. Dans un saladier, mélangez tous les ingrédients de la recette. Placez au frais. Au moment de servir, formez 4 tartares ronds ou en quenelles dans les assiettes.

Astuce_ Pour couper facilement les tomates confites, utilisez des ciseaux.

la botte secrète d'aude et leslie

Avec quelques filets d'anchois coupés en petits morceaux, c'est encore meilleur...

le tuyau de laurence

C'est tellement bon que j'adore en farcir des pains pitas quand je déjeune sur le pouce.

Tartare d'avocat aux œufs de saumon

PRÉPARATION 25 MIN | **COÛT** ★ | **DIFFICULTÉ** ★

1 Plongez les coques dans un saladier d'eau froide salée pendant 20 min environ. Rincez les fonds d'artichaut, égouttez-les et coupez-les en petits morceaux. Pressez le citron. Récupérez la chair des avocats et coupez-la en cubes. Puis arrosez-la de jus de citron.

2 Égouttez les coques et faites-les cuire dans un faitout à feu vif 2 à 3 min en mélangeant sans cesse. Elles sont prêtes quand elles sont ouvertes. Puis décoquillez les ¾ d'entre elles. Réservez le ¼ restant pour la touche déco.

3 Dans un saladier, mélangez tous les ingrédients de la recette sauf les œufs de saumon et les coques non décoquillées. Répartissez le tartare dans quatre verres transparents. Ajoutez les œufs de saumon et le reste des coques sur le dessus. Servez *illico presto*.

Les ingrédients pour 4 personnes

600 g de coques
6 fonds d'artichaut en bocal
1 citron
2 avocats
3 cuil. à soupe d'huile d'olive
4 pincées de paprika en poudre (facultatif)
1 petit pot d'œufs de saumon (50 g)
sel et poivre

Astuces_ • Vous pouvez remplacer les coques par des crevettes roses ou grises.
• Pour faire mûrir vos avocats, enveloppez-les d'une feuille de papier journal et laissez-les à température ambiante.

le verre de vin qui va bien

Proposez un très bon vin de Touraine, le cheverny blanc.

Tartare croquant de céleri au beaufort

PRÉPARATION 25 MIN | **COÛT** ★ | **DIFFICULTÉ** ★

1 Lavez le céleri et coupez-le en petits morceaux. Écossez les fèves et ôtez leur pellicule verte. Lavez le cerfeuil et coupez-le finement. Ôtez la croûte du beaufort puis coupez-le en petits cubes.

2 Dans un saladier, mélangez la moutarde avec le vinaigre et l'huile. Salez et poivrez. Puis ajoutez le céleri, les fèves, le beaufort et le cerfeuil. Servez *illico presto* dans des verres transparents.

Les ingrédients pour 4 personnes

200 g de céleri en branches
2 belles poignées de fèves
4 brins de cerfeuil
200 g de beaufort
½ cuil. à café de moutarde
1 cuil. à soupe de vinaigre de vin
3 cuil. à soupe d'huile d'olive
sel et poivre

Astuces_ • Vous pouvez remplacer le cerfeuil par du persil plat ou de l'estragon.
• Et pour d'autres saveurs, troquez la vinaigrette contre 1 filet d'huile de noisette et 1 filet de vinaigre de xérès.

la botte secrète d'aude et leslie

Servi sur des lichettes de fougasse à l'apéro, c'est un *must* !

le verre de vin qui va bien

Proposez un saint-véran blanc.

Tartare de poisson aux herbes

PRÉPARATION 10 MIN | **COÛT** ★ | **DIFFICULTÉ** ★

→ POUR CETTE RECETTE, ALLEZ CHEZ VOTRE POISSONNIER ET GLANEZ DES FILETS DE POISSONS BLANCS TRÈS FRAIS SELON LES ARRIVAGES DU JOUR : CABILLAUD, GRENADIER, MERLAN OU ENCORE LIEU...

1 Ôtez les arêtes des filets de poissons et rincez-les. Rincez les fines herbes et détachez les feuilles de coriandre et de persil plat. Puis passez grossièrement au mixeur le poisson avec les fines herbes.

2 Pressez le citron. Dans un saladier, mélangez le jus de citron avec l'huile d'olive et le cumin. Salez et poivrez. Puis ajoutez le poisson haché. Mélangez bien et placez au frais. Au moment de servir, formez 4 tartares ronds ou en quenelles dans les assiettes.

Les ingrédients pour 4 personnes

500 g de filets de poissons blancs ultrafrais
½ botte de ciboulette
5 brins de coriandre
5 brins de persil plat
1 citron
3 cuil. à soupe d'huile d'olive
4 pincées de cumin en poudre
sel et poivre

Astuce_ Si vous n'avez pas de mixeur, coupez le poisson et les fines herbes en tout petits morceaux à l'aide d'un bon couteau.

la botte secrète d'aude et leslie

Pour d'autres saveurs, troquez le cumin contre 2 cuil. à soupe de câpres. Mmm !

le tuyau de laurence

Servez ce tartare sur un carpaccio d'ananas poivré !

le truc de stéphan

Pour varier les poissons, pensez au chinchard ou à la daurade.

Trois petits tartares de poisson de Stéphan

PRÉPARATION 30 MIN | **COÛT** ★★ | **DIFFICULTÉ** ★★

→ QUELLE BONNE IDÉE DE SERVIR TROIS PETITS TARTARES D'UN COUP ! ON LA DOIT À STÉPHAN, TOUJOURS AUSSI CRÉATIF !

1 Rincez les trois poissons, ôtez les arêtes et coupez-les séparément en petits morceaux.

2 Pour le tartare de thon, pressez le demi-citron. Lavez la ciboulette et coupez-la finement. Dans un saladier, mélangez tous les ingrédients.

3 Pour le tartare de cabillaud, épluchez le demi-oignon rouge et coupez-le finement. Lavez le persil plat et détachez les feuilles. Dans un saladier, mélangez tous les ingrédients.

4 Pour le tartare de saumon, mélangez tous les ingrédients dans un saladier. Servez 3 petits tartares par assiette.

Les ingrédients pour 6 personnes

Pour le tartare de thon

300 g de pavés de thon ultrafrais
½ citron vert
½ botte de ciboulette
3 pincées de coriandre en poudre
2 cuil. à soupe d'huile d'olive

Pour le tartare de cabillaud

300 g de cabillaud
½ oignon rouge
de bouquet de persil plat
3 pincées de curry en poudre
2 cuil. à soupe d'huile d'olive

Pour le tartare de saumon

300 g de pavés de saumon ultrafrais
1 cuil. à café de baies roses
1 cuil. à soupe de moutarde à l'ancienne
2 cuil. à soupe d'huile d'olive

la botte secrète d'aude et leslie

Pour vos buffets entre potes, servez ces petits tartares dans des cuillères chinoises en porcelaine, des feuilles d'endive ou sur des mini-blinis.

le verre de vin qui va bien

Servez un pouilly fumé.

Tartare de daurade et saumon à l'aneth

PRÉPARATION 20 MIN | **COÛT** ★★ | **DIFFICULTÉ** ★

1 Rincez les poissons, ôtez les arêtes et coupez-les en petits morceaux. Ôtez la peau beige du gingembre et râpez-le sur les gros trous d'une râpe. Pressez le citron.

2 Lavez l'aneth et coupez-le finement. Dans un saladier, mélangez tous les ingrédients de la recette. Servez *illico presto*.

Les ingrédients pour 4 personnes

300 g de pavés de saumon ultrafrais
250 g de filet de daurade ultrafrais
3 cm de racine de gingembre
1 citron
½ bouquet d'aneth
2 cuil. à soupe d'huile de pépins de raisin
2 cuil. à soupe de sauce soja
poivre

Astuces_ • Vous pouvez remplacer l'huile de pépins de raisin par de l'huile d'olive ou de l'huile neutre. • Pour aller plus vite, préparez ce tartare au mixeur et utilisez du gingembre surgelé déjà coupé.

la botte secrète d'aude et leslie

Avec des tranches de brioche toastées, c'est tellement bon et moelleux !

Tartare de saint-jacques, lait de coco et coriandre

PRÉPARATION 20 MIN | **MARINADE** 20 MIN | **COÛT** ★★ | **DIFFICULTÉ** ★

1 Rincez bien les noix de saint-jacques et séchez-les. Puis coupez-les en tout petits dés. Pressez le citron.

2 Dans un saladier, mélangez l'huile avec le lait de coco, le jus de citron et le curry en poudre. Salez et poivrez. Puis ajoutez les saint-jacques et laissez mariner au frais 20 min environ. Juste avant de former les tartares, lavez la coriandre et l'endive et coupez-les finement. Puis ajoutez-les dans le tartare. Servez *illico presto*.

Les ingrédients pour 4 personnes

14 noix de saint-jacques (sans corail)
1 citron vert
3 cuil. à soupe d'huile d'olive
3 cuil. à soupe de lait de coco
6 pincées de curry en poudre
½ bouquet de coriandre
1 endive
sel et poivre

Astuce_ En fonction de la grosseur des noix de saint-jacques (qui est très variable), augmentez ou diminuez les quantités.

la botte secrète d'aude et leslie

Pour une touche déco, servez ce tartare dans 4 coquilles Saint-Jacques vides. *So fun !*

le verre de vin qui va bien

Proposez un sancerre blanc.

Tartare de saint-jacques au persil plat

PRÉPARATION 25 MIN I **COÛT** ★★ I **DIFFICULTÉ** ★

→ AUDE ADORE PRÉPARER CE TARTARE POUR SES DÎNERS DE FILLES. IL FAUT DIRE QUE DIDI ET LILI SONT TOUJOURS AU RÉGIME...

1 Rincez bien les noix de saint-jacques et séchez-les. Puis coupez-les en tout petits dés. Lavez le persil plat et coupez-le finement. Épluchez les oignons et hachez-les. Ôtez la peau beige du gingembre et râpez-le sur les gros trous d'une râpe. Pressez le citron.

2 Dans un saladier, mélangez les deux huiles, le citron, le gingembre et les oignons. Salez et poivrez généreusement. Puis ajoutez les saint-jacques et le persil plat, mélangez puis formez 4 petits tartares et placez au frais jusqu'au moment de servir.

Les ingrédients pour 4 personnes

- 14 noix de saint-jacques très fraîches (sans corail)
- 1 botte de persil plat
- 2 petits oignons blancs
- 3 cm de racine de gingembre
- 1 citron vert
- 1 cuil. à soupe d'huile de noix
- 2 cuil. à soupe d'huile de tournesol
- sel et poivre

Astuces_ • Testez aussi l'alliance saint-jacques et lotte, c'est trop trop bon ! • Pour les amateurs, vous pouvez ajouter une petite pointe d'ail. • Vous pouvez remplacer les petits oignons par des échalotes. • Si les noix de saint-jacques sont vraiment grosses, tablez plutôt sur 10 ou 12.

la botte secrète d'aude et leslie

À l'heure de l'apéro, sur des petits toasts de pain brioché, c'est juste à se damner !

le tuyau de laurence

J'adore ajouter des quartiers de mandarine coupés en dés. Trop beau, trop bon... avec de la coriandre à la place du persil plat !

le truc de stéphan

Achetez des saint-jacques en coquilles bien fermées et vivantes, à faire ouvrir par le poissonnier.

Tartare de lotte, citronnelle et gingembre de Laurence

PRÉPARATION 20 MIN I **COÛT** ★★★ I **DIFFICULTÉ** ★

→ AH ! LAURENCE ET LES SAVEURS ASIATIQUES... ON NE FERAIT QU'UNE BOUCHÉE DE CE TARTARE AUSSI DÉPAYSANT QUE DÉLICIEUX !

1 Rincez la lotte, ôtez les arêtes si nécessaire, et coupez-la en petits morceaux. Lavez la citronnelle et coupez-la finement. Ôtez la peau beige du gingembre et râpez-le sur les gros trous d'une râpe. Pressez le demi-citron. Épluchez les oignons et hachez-les.

2 Dans un saladier, mélangez tous les ingrédients de la recette. Placez au frais. Au moment de servir, formez 4 tartares ronds ou en quenelles dans les assiettes.

Les ingrédients pour 4 personnes

500 g de filets de lotte ultrafrais
1 tige de citronnelle
3 cm de racine de gingembre
½ citron vert
2 petits oignons blancs
3 cuil. à soupe d'huile d'olive
sel et poivre

la botte secrète d'aude et leslie

Si vous mettez la main sur du sumac en poudre, ajoutez-en quelques pincées. C'est carrément le top !

le truc de stéphan

La lotte possède une chair assez ferme. Pour cette recette, pour l'attendrir un peu, laissez-la mariner dans les assaisonnements quelques minutes avant de la déguster.

Tartare de langoustines aux courgettes

PRÉPARATION 20 MIN | **COÛT** ★★ | **DIFFICULTÉ** ★

→ POUR UNE ENTRÉE QUI ÉPATERA LA GALERIE, SERVEZ CE TARTARE AVEC DES BLINIS TOUT PRÊTS TOASTÉS.

1 Décortiquez les langoustines, ôtez la veine noire située sur le dos puis coupez-les en petits morceaux. Lavez la courgette et râpez-la sur les gros trous d'une râpe. Pressez le demi-citron.

2 Dans un saladier, mélangez le tarama, la crème fraîche et le citron. Poivrez. Puis ajoutez les langoustines et la courgette râpée. Mélangez et répartissez le tartare dans quatre ramequins ou verres transparents. Servez *illico presto.*

Les ingrédients pour 4 personnes

12 langoustines cuites

1 petite courgette

½ citron

2 belles cuil. à soupe de tarama

1 belle cuil. à soupe de crème fraîche

poivre

Astuces_ • Pour aller plus vite, remplacez les langoustines par des crevettes roses décortiquées vendues en barquette dans les supermarchés. • Vous pouvez aussi couper la courgette en petits dés. • Pour d'autres saveurs, jouez sur les taramas : à la truite, tarama d'oursin, etc.

la botte secrète d'aude et leslie

Comme on est des mordues de menthe, on adore ajouter 3 cuil. à soupe de menthe ciselée dans ce tartare.

le tuyau de laurence

Plus classique avec des dés de concombre. Pour cela, ôtez bien le centre avec les graines.

Tartare d'avocat, écrevisses et crabe

PRÉPARATION 20 MIN | **COÛT** ★★ | **DIFFICULTÉ** ★

1 Coupez la chair de l'avocat en petits dés et arrosez-le de jus de citron. Égouttez bien le crabe et mélangez-le dans un saladier avec le yaourt, la mayonnaise, le paprika, du sel et du poivre.

2 Rincez les queues d'écrevisses et coupez-les en morceaux. Puis ajoutez les écrevisses et l'avocat dans le saladier. Mélangez le tout puis formez 4 petits tartares et placez au frais jusqu'au moment de servir.

Astuce_ Optez pour des avocats pas trop mûrs pour éviter qu'ils ne s'écrasent trop dans les tartares.

Les ingrédients pour 4 personnes

1 avocat
2 cuil. à soupe de jus de citron
1 grosse boîte de crabe type Chatka (140 g environ poids net égoutté)
3 cuil. à soupe de yaourt velouté nature
1 belle cuil. à soupe de mayonnaise
4 pincées de paprika
2 barquettes de queues d'écrevisses décortiquées (200 g au total)
sel et poivre

la botte secrète d'aude et leslie

Avec quelques baies roses ou graines de coriandre, vous ajouterez un petit plus haut en saveur !

le tuyau de laurence

Vous pouvez ajouter 1 cuil. à soupe de sauce ketchup, vous obtiendrez la classique sauce aurore vraiment délicieuse qui se marie divinement bien avec ce plat.

le verre de vin qui va bien

Ouvrez un gros-plant tout simplement.

Tartare de crevettes, concombre et fenouil

PRÉPARATION 25 MIN | **COÛT** ★ | **DIFFICULTÉ** ★

→ VOILÀ UN TARTARE *SO FRESH* QUE LESLIE A BREVETÉ PLUS D'UNE FOIS.

1 Décortiquez les crevettes, ôtez la veine noire située sur leur dos à l'aide de la pointe d'un couteau puis coupez-les en petits morceaux. Épluchez le demi-concombre et coupez-le en petits cubes. Ôtez la première feuille abîmée du fenouil, rincez-le puis coupez-le en petits morceaux.

2 Dans un saladier, mélangez tous les ingrédients de la recette et servez *illico presto*.

Les ingrédients pour 4 personnes

16 crevettes roses cuites
½ concombre
⅓ de fenouil
3 cuil. à soupe de guacamole tout prêt
1 petite poignée de pignons de pin
4 gouttes de Tabasco
sel et poivre

Astuces_ • Sachez qu'on trouve facilement du guacamole tout prêt au rayon frais des supermarchés. • Pour aller plus vite, utilisez des crevettes roses décortiquées en barquette.

le tuyau de laurence

À tester aussi avec les cocktails de fruits de mer vendus sous vide en barquette au rayon frais des supermarchés.

le verre de vin qui va bien

Prenez un bourgogne aligoté.

Tartare de saumon à la coriandre

PRÉPARATION 15 MIN | **COÛT** ★ | **DIFFICULTÉ** ★

1 Ôtez la peau et les arêtes du saumon et rincez-le. Puis coupez-le en tout petits dés. Lavez la coriandre et coupez-la finement.

2 Dans un saladier, mélangez tous les ingrédients de la recette. Placez au frais. Au moment de servir, formez 4 tartares ronds ou en quenelles dans les assiettes.

Les ingrédients pour 4 personnes

600 g de pavés de saumon ultrafrais

½ bouquet de coriandre

1 cuil. à soupe de Savora

2 cuil. à soupe d'huile d'olive

sel et poivre

Astuces_ • Pour couper facilement la coriandre, déposez-la dans un verre et donnez-y des coups de ciseaux jusqu'à ce qu'elle soit ciselée. • Vous pouvez remplacer l'huile par du yaourt.

la botte secrète d'aude et leslie

Pour des bouchées *so fresh* à l'heure de l'apéro, servez ce tartare dans des barquettes en feuilles d'endive.

le truc de stéphan

Dans la mesure du possible, choisissez du saumon labellisé ou, mieux encore, sauvage...

recette**pour**épater...

Tartare de thon super bon

PRÉPARATION 20 MIN I **COÛT** ★★ I **DIFFICULTÉ** ★

Les ingrédients pour 4 personnes

3 beaux pavés de thon ultrafrais
1 poignée de noisettes
4 cm de racine de gingembre
2 cuil. à soupe de sauce soja
2 cuil. à soupe de vinaigre balsamique
3 cuil. à soupe d'huile d'olive
1 poignée de raisins secs
sel et poivre

1 Ôtez la peau et les arêtes du thon, rincez-le et séchez-le. Puis coupez-le en petits cubes. Concassez grossièrement les noisettes dans un mortier. Ôtez la peau beige du gingembre et râpez-le sur les gros trous d'une râpe.

2 Dans un saladier, mélangez la sauce soja avec le vinaigre balsamique, l'huile et le gingembre. Salez et poivrez. Puis ajoutez le thon, les noisettes et les raisins secs. Placez au frais. Au moment de servir, formez 4 tartares ronds ou en quenelles dans les assiettes.

Astuces_ • Si vous n'avez pas de mortier, enveloppez vos noisettes dans un torchon propre et cassez-les à l'aide d'un petit marteau ou d'un rouleau à pâtisserie. • Pour gagner du temps, demandez au poissonnier d'ôter la peau et les arêtes du thon.

le tuyau de laurence

Puisqu'on est dans des saveurs asiatiques, remplacez 1 des 3 cuil. à soupe d'huile d'olive par 1 cuil. à soupe d'huile de sésame... Bon voyage !

Tartare de thon, avocat et tomates cerise

PRÉPARATION 20 MIN | **COÛT** ★★ | **DIFFICULTÉ** ★

1 Lavez le persil plat et coupez-le finement. Épluchez et coupez finement les oignons nouveaux. Coupez le thon en petits dés et ôtez les arêtes, si nécessaire.

2 Pressez le demi-citron. Coupez l'avocat en petits morceaux, arrosez-le de jus de citron. Lavez les tomates cerise, coupez-les en quatre et épépinez-les grossièrement.

3 Dans un saladier, mélangez tous les ingrédients. Salez et poivrez généreusement. Puis formez 4 petits tartares et placez au frais jusqu'au moment de servir.

Les ingrédients pour 6 personnes

- ½ bouquet de persil plat
- 2 oignons nouveaux
- 3 beaux pavés de thon ultrafrais
- ½ citron
- 1 avocat
- 8 tomates cerise
- 5 cuil. à soupe de vinaigre balsamique
- 4 cuil. à soupe d'huile d'olive
- sel et poivre

Astuces_ • Pour gagner du temps, demandez à votre poissonnier d'enlever la peau et les arêtes des pavés de thon. • Vous pouvez remplacer le persil plat par de la coriandre. • Pour former vos tartares, foncez page 112 dans la rubrique « Je veux la technique ! ».

la botte secrète d'aude et leslie

Pour une note qui croustille, ajoutez 2 cuil. à soupe de pignons de pin dans vos tartares. Mmm !

le tuyau de laurence

Servez ce tartare à l'apéro dans des petits verres à vodka.

le truc de stéphan

Pour les recettes de thon cru, préférez le thon rouge du Pacifique, vendu sous forme de gros filets ; sa saveur est très délicate et sa chair exempte de parasite puisqu'elle a été surgelée à bord du bateau de pêche.

Tartare de thon au Saint-Môret

PRÉPARATION 20 MIN | **COÛT** ★★ | **DIFFICULTÉ** ★

→ UN DE NOS *BEST-OF* CÔTÉ TARTARE. LE MÉLANGE DU SAINT-MÔRET AVEC LE THON, C'EST JUSTE UN GRAAL ! ET PENSEZ À GARDER UN BRIN DE PERSIL PLAT POUR LA DÉCO...

1 Lavez et coupez finement le persil plat. Épluchez et coupez finement les oignons nouveaux. Rincez le thon, ôtez la peau et les arêtes puis coupez-le en petits dés. Coupez les olives en petits morceaux. Lavez le demi-concombre et coupez-le en petits dés.

2 Dans un saladier, mélangez tous les ingrédients de la recette. Salez et poivrez généreusement. Placez au frais jusqu'au moment de servir. Servez dans quatre verres transparents.

Les ingrédients pour 4 personnes

½ bouquet de persil plat

3 oignons nouveaux

3 pavés de thon ultrafrais

10 olives vertes dénoyautées (facultatif)

½ concombre

1 Saint-Môret

sel et poivre

Astuces_ • Demandez à votre poissonnier d'enlever la peau et les arêtes, ça vous fera gagner un temps fou. • Vous pouvez remplacer le Saint-Môret par du Chavroux. • Et pour les plus téméraires, zappez les olives et mélangez le Saint-Môret avec 1 belle cuil. à soupe de tapenade.

Pour varier_ **Le tartare du placard**. Pour une version à l'improviste, testez cette recette avec du thon en boîte.

la botte secrète d'aude et leslie

Avec quelques baies roses ajoutées dans ce tartare, c'est carrément bon !

le truc de stéphan

Pour cette recette, pensez aux pavés de thon surgelés, sans arêtes ni peau que l'on trouve assez facilement maintenant.

Tartare aux deux saumons

PRÉPARATION 25 MIN | **COÛT** ★★ | **DIFFICULTÉ** ★

→ VOICI UN DES GRANDS CLASSIQUES DE LA MAMAN DE LESLIE. ON DIT MÊME QUE C'EST COMME ÇA QU'ELLE A SÉDUIT SON MARI...

1 Ôtez la peau et les arêtes du saumon frais puis rincez-le. Coupez les deux saumons ainsi que les cornichons en petits morceaux. Épluchez l'oignon, lavez la ciboulette et coupez-les finement.

2 Dans un saladier, mélangez la mayonnaise, les câpres, la ciboulette, l'oignon, les cornichons, la vodka, la moutarde à l'ancienne, l'huile d'olive et les deux saumons. Salez et poivrez. Placez au frais. Au moment de servir, formez 4 tartares ronds ou en quenelles dans les assiettes.

Astuces_ • Vous pouvez remplacer la ciboulette par du persil plat. • Pour aller plus vite, sachez qu'on trouve dans certains supermarchés du saumon frais déjà découpé en petits morceaux « spécial tartare ». Il est vendu en barquettes sous vide à côté du saumon fumé.

Les ingrédients pour 4 personnes

400 g de saumon ultrafrais
160 g de saumon fumé
5 cornichons
1 oignon rouge
½ botte de ciboulette
3 cuil. à soupe de mayonnaise
2 cuil. à soupe de câpres
2 cuil. à soupe de vodka (facultatif)
1 cuil. à soupe de moutarde à l'ancienne
1 filet d'huile d'olive
sel et poivre

la botte secrète d'aude et leslie

Troquez le saumon fumé contre du flétan fumé... Et hop un tartare bicolore au top pour les papilles !

le tuyau de laurence

C'est le moment de sortir vos moutardes aromatisées : estragon, poivre vert, etc...

Tartare de saumon au wasabi

PRÉPARATION 15 MIN | **COÛT** ★★ | **DIFFICULTÉ** ★

1 Ôtez la peau et les arêtes du saumon, rincez-le et coupez-le en petits morceaux. Lavez l'aneth et coupez-le finement.

2 Dans un saladier, mélangez le wasabi avec le yaourt. Salez et poivrez. Puis ajoutez le saumon et l'aneth. Placez au frais. Au moment de servir, formez 4 tartares ronds ou en quenelles dans les assiettes.

Les ingrédients pour 4 personnes

600 g de pavés de saumon ultrafrais
½ bouquet d'aneth
½ cuil. à café de wasabi
1 yaourt onctueux (type crème de yaourt)
sel et poivre

Astuces_ • Le wasabi se trouve dans les épiceries asiatiques, c'est la pâte verte hyper forte qu'on sert avec les sushis dans les restos japonais. • Vous pouvez placer le saumon 15 min au congélateur pour le durcir légèrement ; vous le couperez plus facilement en petits morceaux. • Vous pouvez ajouter 1 filet de citron dans ce tartare, juste avant de servir.

la botte secrète d'aude et leslie

Pensez à ajouter quelques œufs de lump dans la sauce au yaourt.
C'est *so delicious !*

le tuyau de laurence

Pourquoi ne pas servir ce tartare dans des petits bols avec des baguettes ?
Vos potes seront épatés !

le verre de vin qui va bien

Un petit saké servi très frais, bien sûr.

Tartare de truite aux baies roses

PRÉPARATION 15 MIN | **COÛT** ★ | **DIFFICULTÉ** ★

1 Pressez le demi-citron. Coupez la truite fumée et la truite fraîche en petits morceaux.
Dans un saladier, mélangez les deux truites et le jus de citron. Dans un bol, mélangez délicatement les œufs de lump avec le yaourt. Salez et poivrez.

2 Déposez dans le fond de quatre verres transparents une couche de crème aux œufs de lump et une couche de duo de poissons. Parsemez le tout de baies roses et servez *illico presto*.

Les ingrédients pour 4 personnes

½ citron
200 g de truite fumée
200 g de filets de truite ultrafrais
2 cuil. à soupe d'œufs de lump
1 ½ yaourt onctueux (type crème de yaourt)
1 cuil. à soupe de baies roses
sel et poivre

Astuces_ • Vous pouvez faire un mix saumon et truite fumée. • Pour d'autres saveurs, passez les poissons au mixeur. On adore !

la botte secrète d'aude et leslie

À servir impérativement avec des blinis ou des grandes tranches de pain de campagne toastées.

le tuyau de laurence

Pour cette recette, j'adore fouetter de la crème liquide bien froide jusqu'à ce qu'elle prenne la consistance d'une chantilly. Salez, poivrez, ajoutez vos œufs de lump et poursuivez la recette des filles !

Tartare de maquereaux, duo de tomates et basilic

PRÉPARATION 20 MIN **| COÛT ★ | DIFFICULTÉ ★**

→ VOICI UNE RECETTE VRAIMENT ORIGINALE QUI NE CASSERA PAS VOTRE TIRELIRE. PARFAIT POUR LES GRANDES TABLÉES !

1 Coupez les filets de maquereaux en cubes. Égouttez les tomates confites et coupez-les en petits morceaux. Lavez les tomates, épépinez-les grossièrement et coupez-les en petits dés. Lavez le basilic et coupez-le finement.

2 Dans un saladier, mélangez tous les ingrédients de la recette. Servez *illico presto* avec les tranches de Poilâne toastées.

Les ingrédients pour 4 personnes

5 gros maquereaux levés en filets (par votre poissonnier !)
4 tomates confites à l'huile d'olive
3 tomates en grappe
1 bouquet de basilic
200 g de ricotta
4 belles tranches de pain Poilâne (facultatif)
sel et poivre

Astuce_ Pour d'autres saveurs, remplacez les maquereaux par du thon ou du merlan.

la botte secrète d'aude et leslie

Pour une petite note savoureuse, ajoutez des olives vertes coupées en petits morceaux.

Tartare de bœuf aux herbes

PRÉPARATION 15 MIN | **COÛT** ★ | **DIFFICULTÉ** ★

1 Épluchez les échalotes et coupez-les finement. Lavez les fines herbes (coriandre, persil plat et ciboulette) et ciselez-les.

2 Dans un saladier, mélangez tous les ingrédients de la recette. Goûtez et rectifiez l'assaisonnement. Formez 4 tartares et servez *illico presto*.

Astuces_ • Pour aller plus vite, utilisez des fines herbes surgelées. • Pour d'autres saveurs, troquez les câpres contre des cornichons coupés en petits morceaux. • Si vous ne trouvez pas de moutarde aux piments, utilisez de la moutarde forte et ajoutez 3 pincées de piment de Cayenne en poudre.

Les ingrédients pour 4 personnes

2 échalotes
½ bouquet de coriandre
½ bouquet de persil plat
½ botte de ciboulette
650 g de bœuf haché
1 cuil. à soupe de moutarde aux piments
2 cuil. à soupe d'huile d'olive
4 cuil. à café de câpres
sel et poivre

la botte secrète d'aude et leslie

Testez ce tartare, façon aller-retour en le faisant poêler quelques instants de chaque côté. Et hop une nouvelle recette trop bonne !

le tuyau de laurence

Pour le croquant, ajoutez des noisettes grossièrement concassées.

Tartare de bœuf comme au bistrot

PRÉPARATION 25 MIN | **COÛT** ★★ | **DIFFICULTÉ** ★

→ AVEC LE TRIO PAIN DE CAMPAGNE, FRITES ET SALADE, CE TARTARE INCONTOURNABLE VA FAIRE DES HEUREUX.

1 Épluchez les échalotes et coupez-les finement. Lavez le persil et ciselez-le. Rincez les câpres. Coupez la viande en petits morceaux à l'aide d'un bon couteau.

2 Dans un saladier, mélangez rapidement tous les ingrédients de la recette sans trop amalgamer le tout. Formez 4 tartares et *servez illico* presto avec la sauce ketchup et le Tabasco.

Astuces_ • Précisez à votre boucher que la viande hachée est destinée à un tartare pour qu'elle soit la plus fraîche possible. • Pour aller plus vite, utilisez du bœuf haché tout prêt ou hachez-le au mixeur.

Les ingrédients pour 4 personnes

3 échalotes
½ bouquet de persil
5 cuil. à café de câpres
650 g de filet de bœuf
4 jaunes d'œufs
6 gouttes de sauce Worcestershire
1 cuil. à soupe de moutarde forte
sauce ketchup et Tabasco pour servir
sel et poivre

la botte secrète d'aude et leslie

Pour que chacun fasse sa popote, vous pouvez aussi former quatre boules de viande hachée avec la garniture autour et le jaune d'œuf au centre, encore dans sa coquille.

le tuyau de laurence

Pour une petite note du Sud, remplacez la moutarde par de la tapenade noire et ajoutez des dés de tomates fraîches et/ou confites.

le verre de vin qui va bien

Proposez un patrimonio bien corsé !

Tartare de bœuf thaï

PRÉPARATION 20 MIN | **COÛT** ★★ | **DIFFICULTÉ** ★

→ DES SAVEURS DÉTONANTES QUI VOUS PLAIRONT À COUP SÛR. PENSEZ-Y EN VERSION POÊLÉE, C'EST TROP TROP BON !

1 Ôtez la peau beige du gingembre et râpez-le sur les gros trous d'une râpe. Rincez les pousses de soja et séchez-les. Lavez la coriandre et coupez-la finement.

2 Dans un saladier, mélangez l'huile avec la sauce soja, le cumin, un peu de sel et de poivre. Puis ajoutez le reste des ingrédients. Mélangez rapidement sans amalgamer le tout. Servez *illico presto*.

Les ingrédients pour 4 personnes

3 cm de racine de gingembre
1 belle poignée de pousses de soja
1 bouquet de coriandre
3 cuil. à soupe d'huile de tournesol
2 cuil. à soupe de sauce soja
4 pincées de cumin en poudre
650 g de filet de bœuf haché
sel et poivre

Astuce_ Pour une version économique, utilisez du rumsteck haché.

la botte secrète d'aude et leslie

Avec quelques pignons de pin poêlés à sec (sans matière grasse), c'est divin !

le verre de vin qui va bien

Proposez une bière thaïlandaise, vous en trouverez dans les épiceries asiatiques.

recette**pour**épater…

Tartare de fraises et granité au citron vert

PRÉPARATION 30 MIN | **REPOS** 1 NUIT | **COÛT** ★ | **DIFFICULTÉ** ★★

→ UNE RECETTE À PRÉPARER LA VEILLE… MAIS QUI VAUT CARRÉMENT LE COUP ! ET QUAND VOUS N'AVEZ PAS LE TEMPS, TROQUEZ LE GRANITÉ CONTRE UNE BOULE DE GLACE AU CHOIX.

Les ingrédients pour 6 personnes

Pour le granité

1 citron vert non traité

90 g de sucre en poudre

Pour le tartare

500 g de fraises

200 g de fraises des bois

3 cuil. à soupe de crème fraîche

3 cuil. à café de confiture de framboises

1 La veille, prélevez le zeste du citron à l'aide d'un zesteur. Puis pressez le citron. Dans un plat creux, mélangez le sucre avec 40 cl d'eau, le zeste et le jus de citron. Placez au congélateur pendant 2 h environ. Ressortez-le du congélateur, mélangez-le à l'aide d'une fourchette puis replacez-le au congélateur pendant 1 nuit.

2 Le lendemain, préparez le tartare de fraises : rincez les fraises, équeutez-les puis coupez-les en petits morceaux. Rincez les fraises des bois et séchez-les délicatement. Dans un bol, mélangez la crème fraîche avec la confiture.

3 Au moment de servir, déposez dans six verres transparents une couche de crème à la confiture et une belle couche de fruits. Ajoutez par-dessus le granité : il suffit de le gratter à l'aide d'une fourchette pour former des paillettes. Servez *illico presto*.

Astuces_ • Si vous n'avez pas de zesteur, prélevez le zeste en râpant le citron sans mordre sur la peau blanche. • À vous de trouver votre bon dosage de confiture…

le truc de stéphan

Pour cette recette, prenez plutôt des variétés de fraises assez fermes.

la botte secrète d'aude et leslie

Pour un dessert tout rose, ajoutez quelques gouttes de sirop de grenadine dans le granité avant de le placer au congélateur. Et croquez le tout avec des biscuits roses de Reims…

Tartare de mangue, ananas et lait de coco

PRÉPARATION 20 MIN | **COÛT** ★ | **DIFFICULTÉ** ★

1 Rincez les framboises et séchez-les délicatement. Épluchez la mangue et récupérez la chair autour du noyau puis coupez-la en petits cubes. Épluchez l'ananas et coupez la chair en petits dés.

2 Dans un saladier, mélangez la crème de coco avec le sucre vanillé. Ajoutez l'ananas et la mangue. Mélangez bien. Formez 4 tartares ronds et répartissez les framboises sur le dessus.

Les ingrédients pour 4 personnes

125 g de framboises
1 belle mangue mûre
1 ananas Victoria
5 cuil. à soupe de crème de coco
2 sachets de sucre vanillé

Astuces_ • Pour aller plus vite, utilisez de l'ananas au sirop. • Si vous ne trouvez pas de crème de coco, utilisez du lait de coco ; ça marche très bien aussi !

la botte secrète d'aude et leslie

Avec 1 boule de sorbet aux fruits de la Passion, c'est le nirvana !

Tartare de pommes, fruits secs et miel

PRÉPARATION 20 MIN | **COÛT** ★ | **DIFFICULTÉ** ★

→ SUPER ORIGINAL ET PARFAIT POUR LES DÎNERS EN PLEIN HIVER...

1 Épluchez les pommes et les poires et coupez-les en petits morceaux. Coupez les fruits secs en tout petits morceaux. Dans un saladier, mélangez tous les ingrédients de la recette.

2 Répartissez le tartare dans quatre verres transparents. Placez au frais jusqu'au moment de servir.

Les ingrédients pour 4 personnes

2 pommes
2 poires
8 dattes séchées
4 abricots secs
4 figues séchées
5 cuil. à soupe de miel liquide
2 cuil. à soupe de jus de citron

Astuce_ Pour d'autres saveurs, zappez le jus de citron et remplacez-le par 4 cuil. à soupe de yaourt bulgare.

la botte secrète d'aude et leslie

Testez ce tartare avec 1 boule de glace à la vanille. On adore !

le tuyau de laurence

J'adore ce tartare avec 1 fromage blanc battu.

le verre de vin qui va bien

Proposez un coteaux-du-layon bien frais.

Carpaccio de figues fraîches, mozza & parma

PRÉPARATION 20 MIN | **COÛT** ★ | **DIFFICULTÉ** ★

1 Dans un mortier, concassez grossièrement les noisettes. Rincez les figues et coupez-les en tranches. Égouttez la mozza et coupez-la en rondelles. Dégraissez le jambon et coupez chaque tranche en trois.

2 Intercalez les figues, la mozza et le jambon en rosace dans quatre assiettes. Arrosez le tout d'huile et de vinaigre. Salez et poivrez généreusement. Répartissez les noisettes sur le dessus juste avant de servir.

Les ingrédients pour 4 personnes

1 poignée de noisettes entières
10 figues
2 boules de mozzarella di buffala
8 tranches de jambon de Parme
5 cuil. à soupe d'huile d'olive
2 cuil. à soupe de vinaigre balsamique
fleur de sel et poivre du moulin

Astuces_ • Vous pouvez remplacer le jambon de Parme par de la bresaola ou de la viande des Grisons. • Si vous n'avez pas de mortier, enveloppez vos noisettes dans un torchon et cassez-les à l'aide d'un petit marteau ou d'un rouleau à pâtisserie.

la botte secrète d'aude et leslie

Si vous mettez la main sur de la burrata, zappez la mozzarella et goûtez ce délice qui est juste trop bon avec des figues...

Carpaccio de courgette, artichaut et parmesan

PRÉPARATION 20 MIN | **COÛT** ★ | **DIFFICULTÉ** ★

Les ingrédients pour 4 personnes

- 250 g de fonds d'artichaut surgelés
- 200 g de parmesan
- 1 courgette
- 5 cuil. à soupe d'huile d'olive
- 2 cuil. à soupe de vinaigre balsamique
- 4 pincées de curry en poudre (facultatif)
- fleur de sel et poivre du moulin

1 Passez les fonds d'artichaut encore surgelés 2 à 3 min au micro-ondes pour les ramollir légèrement. Puis coupez-les en fines lamelles.

2 Formez de larges copeaux de parmesan à l'aide d'un couteau économe. Lavez la courgette et coupez-la en rondelles assez fines.

3 Intercalez l'artichaut, le parmesan et la courgette en rosace dans quatre assiettes. Salez légèrement et poivrez. Dans un bol, mélangez l'huile avec le vinaigre et le curry. Juste avant de servir, arrosez les carpaccios de cette vinaigrette.

Astuces_ • Avec des petits pignons poêlés à sec, c'est super bon ! • Vous pouvez remplacer le parmesan par de la mozzarella ou du pecorino.

le tuyau de laurence

Pour une petite touche de couleur, optez pour de la mimolette vieille, vous ferez des copeaux tout comme le parmesan.

le verre de vin qui va bien

Accentuez la touche italienne de cette recette en servant un valpolicella.

recettepourépater…

Carpaccio de radis et foie gras

PRÉPARATION 25 MIN | **COÛT** ★★ | **DIFFICULTÉ** ★★

→ AVEC DU PAIN AUX FIGUES, C'EST UN VRAI PÉCHÉ MIGNON !

1 Après avoir ôté le gras (jaune) du foie gras, placez-le au réfrigérateur. Lavez les radis roses, équeutez-les puis coupez-les en tranches. Ôtez la peau du radis noir à l'aide d'un couteau économe et coupez-le en fines rondelles avec un bon couteau.

2 Sortez le foie gras du réfrigérateur puis coupez-le en fines tranches. Déposez les rondelles de radis noir en rosace sur quatre assiettes. Puis parsemez-les de radis roses. Arrosez le tout d'huile de noisette.

3 Ajoutez les copeaux de foie gras. Poivrez généreusement puis déposez 1 cuil. à soupe de chutney au centre de chaque assiette avant de servir.

Les ingrédients pour 4 personnes

1 bloc de foie gras (400 g environ)
½ botte de radis roses
1 petit radis noir
4 cuil. à soupe d'huile de noisette
4 cuil. à soupe de chutney de figues tout prêt
poivre du moulin

Astuces_ • Pour un résultat au top, votre foie gras doit être bien froid avant de le découper. • Si le radis noir est gros, tablez plutôt sur une moitié. • Sachez qu'on trouve facilement des chutneys tout prêts dans les supermarchés. Si vous n'en trouvez pas à la figue, rabattez-vous sur un chutney à la mangue ou à l'abricot.

la botte secrète d'aude et leslie

Pour les pros des fourneaux, coupez les rondelles de radis noir à l'aide d'une mandoline.

Carpaccio de concombre mariné à la menthe et ricotta

PRÉPARATION 20 MIN | **MARINADE** 30 MIN | **COÛT** ★ | **DIFFICULTÉ** ★

1 Lavez les concombres et coupez-les en fines rondelles à l'aide d'un bon couteau, d'une mandoline ou d'un robot. Lavez la menthe et le basilic et coupez-les finement. Dans un bol, mélangez la ricotta et la moitié des fines herbes. Poivrez généreusement.

2 Puis, dans un plat creux, mélangez l'huile avec le cumin, le jus de citron et l'autre moitié des fines herbes. Salez et poivrez. Ajoutez les rondelles de concombre, mélangez bien. Puis placez au frais et laissez mariner 30 min environ.

3 À la fin de la marinade, répartissez les rondelles de concombre en rosace dans quatre assiettes. Versez une partie de la marinade sur le dessus puis ajoutez la ricotta au centre.

Les ingrédients pour 4 personnes

2 concombres
½ bouquet de menthe
4 brins de basilic
300 g de ricotta
6 cuil. à soupe d'huile d'olive
6 pincées de cumin en poudre
2 cuil. à soupe de jus de citron
sel et poivre

la botte secrète d'aude et leslie

Pensez à mettre de côté 4 feuilles de basilic pour une petite touche déco au top à ajouter au dernier moment sur la ricotta.

le tuyau de laurence

Pour rehausser un peu le goût de la ricotta qui est très doux, je l'écrase à la fourchette avec 100 g de parmesan râpé.

le verre de vin qui va bien

Accompagnez cette entrée légère d'un saumur-champigny.

Carpaccio de langoustines, sauce soja et sésame

PRÉPARATION 25 MIN | **COÛT** ★★ | **DIFFICULTÉ** ★

Les ingrédients pour 4 personnes

20 langoustines crues ultrafraîches
4 cuil. à soupe d'huile de sésame
2 cuil. à soupe d'huile d'arachide
2 cuil. à soupe de sauce soja
1 belle cuil. à soupe de graines de sésame

1 Décortiquez les langoustines crues. Ôtez la veine noire située sur leur dos à l'aide de la pointe d'un couteau. Coupez-les en deux dans le sens de la longueur puis étalez chaque morceau à l'aide d'un rouleau à pâtisserie, de façon à les aplatir au maximum. Puis répartissez-les en rosace dans quatre assiettes.

2 Dans un bol, mélangez l'huile de sésame et l'huile d'arachide avec la sauce soja. Arrosez les carpaccios de cette sauce puis parsemez-les de graines de sésame. Placez au frais jusqu'au moment de servir.

Astuces_ • Si vos langoustines sont petites, tablez plutôt sur 6 par personne, soit 24 au total. • Si vous aimez que vos carpaccios baignent dans la sauce (c'est bon aussi !), doublez les doses d'huile et de sauce soja.

la botte secrète d'aude et leslie

Avec 1 léger filet de citron vert, c'est super bon !

le truc de stéphan

Pour réussir cette recette, choisissez des langoustines de grosse taille et extra fraîches.

Carpaccio de bar à la coriandre

PRÉPARATION 20 MIN I **REPOS** 20 MIN I **MARINADE** 20 MIN I **COÛT** ★★ I **DIFFICULTÉ** ★

1 Rincez les filets de bar, glissez-les dans un sac de congélation et placez-les 20 min environ au congélateur pour les durcir afin de les découper facilement.

2 Pendant ce temps, préparez la marinade. Pressez le citron. Épluchez l'oignon et coupez-le finement. Dans un plat creux, mélangez l'huile d'olive avec le jus de citron, les graines de coriandre, les baies roses et l'oignon. Salez et poivrez.

3 À la fin des 20 min, découpez le bar en fines lamelles à l'aide d'un bon couteau puis déposez-le dans la marinade. Placez au frais pendant 20 min. Lavez la coriandre et détachez les feuilles.

4 Répartissez le bar en rosace dans quatre assiettes. Arrosez-le de marinade puis parsemez le tout de coriandre et servez *illico presto*.

Les ingrédients pour 4 personnes

500 g de filets de bar ultrafrais
1 citron
1 petit oignon blanc
6 cuil. à soupe d'huile d'olive
1 cuil. à soupe de graines de coriandre
1 cuil. à soupe de baies roses
½ bouquet de coriandre
sel et poivre

le tuyau de laurence

Trop bon avec des graines de sésame parsemées sur le dessus !

Carpaccio de cabillaud à l'estragon

PRÉPARATION 15 MIN | **REPOS** 20 MIN | **COÛT** ★ | **DIFFICULTÉ** ★

→ AVEC UNE PETITE SALADE DE POUSSES D'ÉPINARD OU DE MÂCHE ASSAISONNÉE À L'HUILE DE PÉPINS DE RAISIN, C'EST JUSTE À SE DAMNER...

1 Rincez les filets de cabillaud, glissez-les dans un sac de congélation et placez-les 20 min environ au congélateur pour les durcir afin de les découper facilement.

2 Lavez l'estragon et coupez-le finement. Dans un bol, mélangez l'huile d'olive avec le piment de Cayenne, l'estragon, du sel et du poivre.

3 À la fin des 20 min, coupez le cabillaud en fines tranches à l'aide d'un bon couteau. Répartissez-le en rosace dans quatre assiettes. Arrosez le tout d'huile pimentée et servez *illico presto*.

Les ingrédients pour 4 personnes

500 g de filets de cabillaud ultrafrais
1 botte d'estragon
8 cuil. à soupe d'huile d'olive
5 pincées de piment de Cayenne
sel et poivre

Astuce_ Pour un max de saveurs, vous pouvez faire mariner votre poisson 30 min dans l'huile pimentée.

la botte secrète d'aude et leslie

Nous, on adore ajouter des petits câpres sur ce carpaccio...

le verre de vin qui va bien

Servez un blanc de Savoie, plutôt un abyme d'une ou deux années.

Carpaccio de saint-jacques aux épices

PRÉPARATION 15 MIN | **COÛT** ★★ | **DIFFICULTÉ** ★

1 Dans un bol, mélangez l'huile d'olive avec le curry, le cumin et le paprika. Salez et poivrez légèrement. Rincez les noix de saint-jacques et coupez-les en fines lamelles à l'aide d'un bon couteau. Répartissez les lamelles en rosace sur quatre assiettes huilées (avec un peu du mélange huile/épices).

2 Versez le reste de l'huile épicée sur les carpaccios, ajoutez les amandes effilées sur le dessus et servez *illico presto*.

Les ingrédients pour 4 personnes

8 cuil. à soupe d'huile d'olive
3 pincées de curry en poudre
3 pincées de cumin en poudre
3 pincées de paprika en poudre
14 noix de saint-jacques (sans le corail)
1 poignée d'amandes effilées
sel et poivre

Astuce_ À vous de trouver le bon dosage de noix de saint-jacques : entre 10 et 16 selon leur grosseur.

la botte secrète d'aude et leslie

Testez cette association folle : noix de Saint-Jacques et copeaux de noix de coco séchée. Dans ce cas, zappez les amandes...

le truc de stéphan

Il n'est de bonnes coquilles Saint-Jacques que vivantes. Mais si vous n'êtes pas sûr de vous pour les acheter, prenez-les surgelées.

Carpaccio de saint-jacques aux deux melons

PRÉPARATION 25 MIN | **COÛT** ★★ | **DIFFICULTÉ** ★

→ DÈS QUE LA SAISON DU MELON POINTE SON NEZ, LANCEZ-VOUS DANS CETTE RECETTE RAFRAÎCHISSANTE À SOUHAIT.

1 Pressez le citron. Dans un bol, mélangez l'huile avec l'aneth et le jus de citron. Salez et poivrez. Rincez les noix de saint-jacques et coupez-les en fines lamelles à l'aide d'un bon couteau. Huilez légèrement quatre assiettes (avec un peu du mélange huile/citron).

2 Coupez les deux demi-melons en fines tranches. Puis intercalez les noix de saint-jacques et les 2 melons en rosace dans les assiettes. Arrosez le tout d'huile citronnée. Servez *illico presto*.

Les ingrédients pour 4 personnes

1 citron

6 cuil. à soupe d'huile d'olive

2 cuil. à soupe d'aneth ciselé surgelé

9 noix de saint-jacques

½ melon

½ melon vert

sel et poivre

Astuce_ Testez aussi l'alliance melon vert et mangue...

le tuyau de laurence

Pour cette recette utilisez du jus de citron vert, il se marie à merveille avec le melon et le poisson. Dans ce cas, remplacez l'aneth par de la ciboulette ciselée ou de la cive si vous en trouvez.

Carpaccio de daurade au citron vert

PRÉPARATION 20 MIN | **REPOS** 20 MIN | **COÛT** ★★ | **DIFFICULTÉ** ★

1 Rincez les filets de daurade, glissez-les dans un sac de congélation et placez-les 20 min environ au congélateur pour les durcir afin de les découper facilement.

2 Pendant ce temps, lavez le demi-concombre et coupez-le en petits cubes. Lavez les tomates cerise et coupez-les en quatre. Égouttez les artichauts et coupez-les en petits morceaux.

3 À la fin des 20 min, coupez la daurade en fines tranches à l'aide d'un bon couteau. Répartissez-la en rosace dans quatre assiettes. Ajoutez au centre 1 boule de sorbet au citron et entourez-la de concombre, tomates cerise et artichaut. Arrosez le tout d'huile d'olive, salez et poivrez. Servez *illico presto*.

Les ingrédients pour 4 personnes

400 g de filets de daurade ultrafrais
½ concombre
8 tomates cerise
4 cœurs d'artichaut à l'huile d'olive en bocal
4 petites boules de sorbet au citron vert
3 cuil. à soupe d'huile d'olive
sel et poivre

Astuce_ Pour ceux qui appréhendent le sorbet citron (c'est dommage parce que c'est trop bon !), arrosez vos carpaccios de jus de citron vert et ajoutez 1 cuil. à café de zeste de citron dans l'huile.

le truc de stéphan

Il y a daurade... et daurade. Ne confondez pas le simple « pageot » à cuisiner au four et la daurade royale, idéale pour cette superbe recette.

Carpaccio de lotte au pistou

PRÉPARATION 20 MIN | **REPOS** 20 MIN | **COÛT** ★★ | **DIFFICULTÉ** ★

1 Rincez la lotte, glissez-la dans un sac de congélation et placez-la 20 min environ au congélateur pour la durcir afin de la découper facilement.

2 Pendant ce temps, mélangez dans un bol l'huile avec la sauce pistou. Dénoyautez les olives et coupez-les en morceaux. Puis ajoutez-les dans l'huile.

3 À la fin des 20 min, coupez la lotte en fines tranches à l'aide d'un bon couteau. Répartissez-la en rosace dans quatre assiettes. Arrosez le tout d'huile au pistou et aux olives. Salez légèrement et poivrez. Servez *illico presto*.

Les ingrédients pour 4 personnes

550 g de lotte préparée par votre poissonnier
6 cuil. à soupe d'huile d'olive
1 belle cuil. à soupe de sauce pistou
1 poignée d'olives noires de Nice
sel et poivre

Astuces_ • Demandez à votre poissonnier d'enlever la peau et les arêtes de la lotte.
• Pour gagner du temps, laissez vos olives entières.

la botte secrète d'aude et leslie

Avec quelques petits morceaux de citron confit dans la sauce, c'est encore meilleur !

le tuyau de laurence

Pour une note de couleur en plus, servez ce carpaccio avec des tomates confites égouttées.

Carpaccio express de thon à l'huile de sésame

PRÉPARATION 10 MIN | **REPOS** 20 MIN | **COÛT** ★★ | **DIFFICULTÉ** ★

→ UN CARPACCIO SUPER FACILE À FAIRE ET QUI FAIT TOUJOURS UN TABAC !

1 Rincez le thon, glissez-le dans un sac de congélation et placez-le 20 min environ au congélateur pour le durcir afin de le découper facilement.

2 Pendant ce temps, mélangez dans un bol l'huile de sésame avec le vin de riz et la sauce soja.

3 À la fin des 20 min, coupez le thon en fines tranches à l'aide d'un bon couteau. Répartissez-le en rosace dans quatre assiettes. Arrosez le tout d'huile de sésame. Poivrez. Servez *illico presto*.

Les ingrédients pour 4 personnes

600 g de filets de thon ultrafrais
2 cuil. à soupe d'huile de sésame
2 cuil. à soupe de mirin
(vin de riz japonais)
1 cuil. à soupe de sauce soja
poivre

Astuce_ Le mirin est un vin de riz japonais au goût doux et sucré, faiblement alcoolisé. On le déniche dans les épiceries asiatiques ou dans certains supermarchés au rayon exotique. Si vous n'en trouvez pas, remplacez-le par du vinaigre de vin blanc.

la botte secrète d'aude et leslie

Avec des petites graines de sésame parsemées juste avant de servir, ça va croustiller sec !

le verre de vin qui va bien

Allez, un effort : servez un chablis avec cette belle recette.

Carpaccio de saumon trop bon

PRÉPARATION 20 MIN | **REPOS** 20 MIN **COÛT** ★★ | **DIFFICULTÉ** ★

Les ingrédients pour 4 personnes

- 550 g de saumon ultrafrais
- 2 cm de racine de gingembre
- 4 cuil. à soupe d'huile d'olive
- 3 cuil. à café de sauce soja
- ½ citron vert
- 2 cuil. à soupe de graines de sésame
- sel et poivre

1 Rincez le saumon, glissez-le dans un sac de congélation et placez-le 20 min environ au congélateur pour le durcir afin de le découper facilement.

2 Pendant ce temps, ôtez la peau beige du gingembre et râpez-le sur les gros trous d'une râpe. Mélangez dans un bol l'huile d'olive avec la sauce soja, le demi-citron vert pressé, le gingembre et les graines de sésame. Salez et poivrez.

3 À la fin des 20 min, coupez le saumon en fines tranches à l'aide d'un bon couteau. Répartissez-le en rosace dans quatre assiettes. Arrosez le tout de sauce. Servez *illico presto*.

la botte secrète d'aude et leslie

Vous pouvez troquer le gingembre frais contre du gingembre surgelé ou moulu.

Carpaccio de poissons fumés

PRÉPARATION 10 MIN | **COÛT** ★ | **DIFFICULTÉ** ★

→ À SERVIR IMPÉRATIVEMENT AVEC DU PAIN DE CAMPAGNE GRILLÉ...

1 Répartissez dans quatre assiettes 1 tranche de saumon fumé et 1 tranche de flétan. Pressez le citron. Dans un bol, mélangez l'huile, le jus de citron, les baies roses, du sel et du poivre. Arrosez les poissons de ce mélange.

2 Puis déposez au centre de chaque assiette 1 cuil. à soupe de *cottage cheese*. Servez *illico presto*.

Les ingrédients pour 4 personnes

4 belles tranches de saumon fumé
4 belles tranches de flétan fumé
1 citron
6 cuil. à soupe d'huile d'olive
4 cuil. à café de baies roses
4 cuil. à soupe de *cottage cheese*
fleur de sel et poivre du moulin

Astuces_ • À vous d'ajuster les quantités de saumon et flétan car lorsqu'ils sont vendus sous vide, la taille des tranches change sensiblement d'une marque à l'autre. • Vous pouvez utiliser du saumon mariné, de l'espadon fumé ou de la truite fumée pour cette recette.

la botte secrète d'aude et leslie

Pensez à ajouter de l'aneth ciselé et une pointe de paprika dans le *cottage cheese*... Mmm !

le tuyau de laurence

Il existe du *cottage cheese* aux cives déjà assaisonné. Si vous en trouvez, jetez-vous dessus !

le verre de vin qui va bien

Proposez un beaujolais-village blanc.

Carpaccio de bœuf à l'huile de truffe

PRÉPARATION 15 MIN | **REPOS** 25 MIN | **COÛT** ★★ | **DIFFICULTÉ** ★

→ SUPER BON AVEC DES PETITES POMMES DE TERRE À LA VAPEUR...

Les ingrédients pour 4 personnes

500 g de filet de bœuf
1 poignée de noisettes
12 cuil. à soupe d'huile à la truffe
fleur de sel et poivre du moulin

1 Glissez la viande dans un sac de congélation et placez-la 25 min environ au congélateur pour la durcir afin de la découper facilement.

2 Pendant ce temps, concassez grossièrement les noisettes dans un mortier. Puis, à la sortie du congélateur, découpez la viande en fines tranches à l'aide d'un couteau à large lame et sans dent. Disposez-la en rosace dans quatre grandes assiettes.

3 Arrosez chaque assiette de 3 cuil. à soupe d'huile à la truffe et ajoutez quelques éclats de noisette. Salez et poivrez généreusement. Et hop c'est prêt !

Astuces_ • Si vous mettez la main sur 1 truffe, brossez-la délicatement puis coupez-la en copeaux que vous déposerez sur vos carpaccios. • Sachez qu'on trouve de l'huile à la truffe toute prête dans les épiceries fines ou les magasins spécialisés. Sinon, il suffit de laisser mariner 1 morceau de truffe dans de l'huile pour que cette dernière s'en imprègne. • Vous trouverez de la viande à carpaccio toute prête soit chez votre boucher, soit au rayon boucherie des supermarchés.

la botte secrète d'aude et leslie

Pour les jours de fête, nous, on adore ajouter des copeaux de foie gras. Le mariage est délirant !

le tuyau de laurence

J'adore servir ce carpaccio avec une bonne purée maison tout simplement.

le verre de vin qui va bien

Avec cette recette, faites-vous plaisir et offrez-vous un crozes-hermitage.

Carpaccio de bœuf et tomme de Savoie

PRÉPARATION 15 MIN | **REPOS** 25 MIN | **COÛT** ★★ | **DIFFICULTÉ** ★

1 Glissez la viande dans un sac de congélation et placez-la 25 min environ au congélateur pour la durcir afin de la découper facilement.

2 Pendant ce temps, ôtez la croûte et coupez la tomme en lamelles. Dans un bol, mélangez les deux huiles avec les graines de cumin.

3 Puis à la sortie du congélateur, découpez la viande en fines tranches à l'aide d'un couteau à large lame et sans dent. Disposez-la en rosace dans quatre grandes assiettes en l'intercalant avec les lamelles de tomme. Arrosez chaque assiette d'un peu de sauce. Salez et poivrez.

Les ingrédients pour 4 personnes

500 g de filet de bœuf

200 g de tomme de Savoie

4 cuil. à soupe d'huile de noisette

4 cuil. à soupe d'huile neutre

1 cuil. à soupe de graines de cumin

fleur de sel et poivre du moulin

Astuces_ • Vous trouverez de la viande à carpaccio toute prête soit chez votre boucher, soit au rayon boucherie des supermarchés. • Vous pouvez remplacer les deux huiles par 8 cuil. à soupe d'huile d'olive.

le verre de vin qui va bien

Simple mais subtil, un saint-nicolas-de-bourgueil accompagnera parfaitement ce carpaccio.

L'incontournable carpaccio de bœuf

PRÉPARATION 15 MIN | **REPOS** 25 MIN | **COÛT** ★★ | **DIFFICULTÉ** ★

1 Glissez la viande dans un sac de congélation et placez-la 25 min environ au congélateur pour la durcir afin de la découper facilement.

2 Pendant ce temps, réalisez des copeaux de parmesan à l'aide d'un couteau économe ou d'un couteau. Puis, à la sortie du congélateur, découpez la viande en fines tranches avec un bon couteau à large lame et sans dent. Disposez-la en rosace dans quatre grandes assiettes.

3 Arrosez chaque assiette de 3 cuil. à soupe d'huile d'olive et d'1 filet de citron. Salez légèrement et poivrez. Ajoutez les copeaux de parmesan et la roquette rincée.

Les ingrédients pour 4 personnes

500 g de filet de bœuf
160 g de parmesan
12 cuil. à soupe d'huile d'olive
½ citron
1 poignée de roquette
fleur de sel et poivre du moulin

Astuces_ • Vous trouverez de la viande à carpaccio toute prête soit chez votre boucher, soit au rayon boucherie des supermarchés. • Testez aussi sans citron, c'est très bon.

la botte secrète d'aude et leslie

Pour un max de saveurs, ajoutez au choix des câpres, des champignons de Paris coupés finement ou quelques pignons de pin.

le tuyau de laurence

Je fouette 2 cuil. à soupe de tapenade avec de l'huile d'olive pour un assaisonnement qui change.

Carpaccio de bresaola et mimolette

PRÉPARATION 10 MIN | **COÛT** ★ | **DIFFICULTÉ** ★

→ L'AUTRE JOUR, ON L'A SERVI AVEC UNE SALADE DE TAGLIATELLES DE COURGETTES (QU'ON FORME AVEC UN COUTEAU ÉCONOME...), C'ÉTAIT BLUFFANT !

1 Répartissez la bresaola dans quatre assiettes. Arrosez-la d'huile d'olive. Poivrez.

2 Formez des éclats de mimolette à l'aide de la pointe d'un couteau et déposez-les sur la bresaola.

Les ingrédients pour 4 personnes

40 tranches fines de bresaola
12 cuil. à soupe d'huile d'olive
130 g de mimolette vieille
poivre

Astuces_ • Ça marche aussi avec la viande des Grisons. • Pour un plat unique, augmentez un peu les doses de bresaola et ajoutez un lit de roquette au centre. • Vous pouvez remplacer la mimolette par de la feta, du cheddar ou des éclats de crottin de Chavignol.

la botte secrète d'aude et leslie

Pensez à troquer la mimolette contre des tulipes de tête de moine, ce fromage suisse dont on raffole !

Carpaccio de cèpes, pecorino et serrano

PRÉPARATION 20 MIN | **CUISSON** 6 MIN | **COÛT** ★★ | **DIFFICULTÉ** ★★

1 Épluchez les gousses d'ail. Hachez-les. Nettoyez les cèpes, séchez-les délicatement et coupez-les en lamelles. Lavez et coupez finement le persil.

2 Dans une sauteuse ou une grande poêle, faites chauffer le filet d'huile d'olive. Ajoutez les champignons et l'ail. Laissez cuire à feu assez vif 4 min en mélangeant délicatement. N'hésitez pas à rajouter un peu d'huile en cours de cuisson. Ajoutez le persil. Salez et poivrez. Laissez refroidir hors du feu.

3 Ôtez la croûte du pecorino et coupez-le en copeaux à l'aide d'un couteau économe ou d'un bon couteau. Répartissez les champignons dans quatre grandes assiettes. Ajoutez 2 tranches de serrano chiffonnées au centre de chacune d'entre elles puis parsemez le tout de copeaux de pecorino.

Les ingrédients pour 4 personnes

2 gousses d'ail
400 g de cèpes
6 brins de persil
200 g de pecorino
8 tranches de serrano
1 beau filet d'huile d'olive pour la poêle
sel et poivre

Astuces_ • Vous pouvez ajouter 1 petite échalote dans la poêlée de cèpes. • Pour une version plus économique, remplacez les cèpes par des champignons de Paris émincés et crus.

le verre de vin qui va bien

Quelle belle recette ! Offrez-lui les honneurs d'un pessac-léognan !

recette**pour**épater…

Carpaccio d'ananas, chantilly coco

PRÉPARATION 30 MIN | **MARINADE** 30 MIN | **COÛT** ★ | **DIFFICULTÉ** ★★

→ POUR LES GOURMANDS PRESSÉS, SACHEZ QUE VOUS POUVEZ RÉDUIRE LE TEMPS DE MARINADE À 15 MIN.

Les ingrédients pour 4 à 6 personnes

2 ananas Victoria

1 citron vert

1 sachet de sucre vanillé

2 cuil. à soupe de rhum

Pour la chantilly

20 cl de crème liquide

1 sachet de sucre vanillé

2 cuil. à soupe de noix de coco râpée

1 Déposez la crème liquide dans un saladier que vous placerez au réfrigérateur.

2 Épluchez les ananas et coupez-les en tranches très fines à l'aide d'un bon couteau. Pressez le citron. Dans un plat creux, mélangez le jus de citron avec 1 sachet de sucre vanillé et le rhum. Ajoutez les ananas et laissez mariner pendant 30 min en les retournant régulièrement.

3 Sortez la crème liquide du réfrigérateur puis montez-la en chantilly à l'aide d'un batteur électrique d'abord doucement puis plus rapidement. Quand elle commence à se raffermir, ajoutez 1 sachet de sucre vanillé et la noix de coco râpée.

4 Répartissez les tranches d'ananas sur quatre ou six assiettes. Arrosez-les de marinade puis ajoutez au centre 1 belle noisette de chantilly.

Astuces_ • Si vos ananas ne sont pas très sucrés, ajoutez 1 sachet de sucre vanillé supplémentaire dans la marinade. • Pour une note encore plus gourmande, ajoutez des raisins secs (que vous ferez mariner avec les ananas) ou des pralines concassées. • Pour obtenir des tranches très fines, vous pouvez utiliser un couteau électrique.

la botte secrète d'aude et leslie

Pour une version express, zappez la crème chantilly et misez sur 1 boule de glace à la noix de coco.

Carpaccio de poires, sauce au lait concentré sucré

PRÉPARATION 20 MIN | **COÛT** ★ | **DIFFICULTÉ** ★

1 Dans une poêle antiadhésive bien chaude, faites poêler à sec les amandes effilées (sans matière grasse) jusqu'à ce qu'elles soient dorées (1 min environ).

2 Pour la sauce, faites chauffer, dans une casserole à feu doux, le lait concentré sucré avec 10 cuil. à soupe d'eau. Ajoutez les anis étoilés et le bâton de cannelle. Hors du feu, laissez infuser 5 min environ. Puis retirez le bâton de cannelle.

3 Épluchez les poires, coupez-les en quartiers puis en fines tranches à l'aide d'un bon couteau. Répartissez-les en rosace sur quatre assiettes (avec 1 anis étoilé par assiette). Nappez-les de sauce au lait concentré sucré. Ajoutez les amandes grillées et servez *illico presto*.

Les ingrédients pour 4 personnes

- 1 poignée d'amandes effilées
- 8 cuil. à soupe de lait concentré sucré
- 4 anis étoilés (badiane)
- 1 bâton de cannelle
- 4 belles poires mûres (type comices ou williams)

Astuces_ • Soyez vigilant quand vous poêlez vos amandes, ça va très vite... • Pour aller plus vite, zappez l'étape de la poêle avec les amandes effilées.

le tuyau de laurence

Mon point faible c'est la confiture de lait sur ce carpaccio de poires.

le verre de vin qui va bien

Proposez un verre de bon rivesaltes.

Carpaccio de mangues, sauce au Nutella

PRÉPARATION 15 MIN | **COÛT** ★ | **DIFFICULTÉ** ★

1 Déposez le Nutella dans une petite casserole. Faites chauffer à feu doux puis versez la crème liquide dessus. Mélangez bien en fouettant jusqu'à l'obtention d'une sauce onctueuse.

2 Épluchez les mangues et coupez-les en fines lamelles autour du noyau. Puis répartissez-les en rosace dans quatre assiettes. Nappez-les de sauce au Nutella.

Les ingrédients pour 4 personnes

50 g de Nutella

10 cl de crème liquide

3 belles mangues mûres

Astuce_ Très bon aussi avec des poires !

la botte secrète d'aude et leslie

Et si vous troquiez la sauce au Nutella contre un coulis de chocolat : faites fondre 1 tablette de chocolat à cuire avec 4 cuil. à soupe de lait.

Carpaccio de pêches, cannelle et miel

PRÉPARATION 20 MIN | **COÛT** ★ | **DIFFICULTÉ** ★

1 Épluchez les pêches et coupez-les en fines lamelles. Répartissez-les en rosace dans quatre assiettes en intercalant pêche jaune et pêche blanche. Arrosez-les de jus de citron.

2 Dans un bol, mélangez le Grand Marnier avec la cannelle puis le miel. Puis arrosez les carpaccios de cette sauce. Ajoutez les pignons juste avant de servir.

Les ingrédients pour 4 personnes

3 pêches jaunes
3 pêches blanches
2 cuil. à soupe de jus de citron
2 cuil. à soupe de Grand Marnier
4 pincées de cannelle en poudre
6 cuil. à soupe de miel liquide
1 poignée de pignons de pin (facultatif)

Astuce_ Vous pouvez remplacer le Grand Marnier par de l'amaretto ou de l'eau de fleur d'oranger.

le verre de vin qui va bien

Une coupe de champagne rosé, sinon rien !

je veux en savoir plus !

Mon tartare est trop fade / AUX DIFFÉRENTS TARAMAS / ôtez le gras s'il y en a / formez les tartares / DANS UNE FEUILLE DE SALADE / cuillère chinoise en porcelaine pour des bouchées chic / à l'heure de l'apéro / EMPORTE-PIÈCE / Côté transport / Avant de vous lancer / à la sortie du congélateur / Mon carpaccio manque de pep's / salé et sorbet / TROP CHOUETTES / Délicieux avec / Salade de mâche, de cresson ou de cœurs de laitue / 2 cuil. à soupe de vinaigre balsamique / tous les ingrédients de la recette / COUPEZ LE CITRON CONFIT / tagliatelles de courgettes / frites croustillantes / en tout petits morceaux / dans la partie la plus froide du réfrigérateur / un tartare de viande ou de poisson / prévoyez un sac isotherme / misez sur la fraîcheur / le jour même de l'achat / avec une pince à épiler / tassez bien les tartares avec le dos d'une fourchette / POUR LIER LES TARTARES / en moulant le mélange dans un petit ramequin huilé / JE FAIS COMMENT ? / de la moutarde ou encore des œufs de lump / JOUEZ SUR LES HUILES / un mini-verre transparent, type shot à vodka / choisissez-les pas trop mûrs / Et hop une nouvelle version de la recette / une feuille d'endive pour faire des bouchées / vous utilisez des avocats dans une recette / entre 20 et 30 min au congélateur / OU IDÉALEMENT D'UNE MANDOLINE / un bon couteau à large lame et sans dent / pommes de terre à l'huile d'olive / Une salade de haricots verts et champignon / quelques idées qui emballeront vos papilles.

Je veux la technique !

La règle d'or

Avant de vous lancer dans un tartare ou un carpaccio, misez sur la fraîcheur.

- À l'achat, précisez à votre poissonnier ou à votre boucher que les produits que vous achetez vont être dégustés crus. Ils vous donneront ainsi les morceaux les plus frais.
- Consommez les produits achetés le jour même de l'achat.
- Côté transport, prévoyez un sac isotherme ou des blocs réfrigérants et rangez-les dans la partie la plus froide du réfrigérateur.

Du côté des tartares

Comment préparer un tartare de viande ou de poisson ?

1 Pour le poisson, ôtez la peau ainsi que les arêtes que vous enlèverez facilement avec une pince à épiler ; puis rincez les filets. Pour la viande, ôtez le gras s'il y en a.

2 Coupez le poisson (ou la viande) en tout petits morceaux à l'aide d'un bon couteau.

3 Dans un saladier, mélangez tous les ingrédients du tartare comme indiqué dans la recette.

4 Puis formez les tartares :

→ soit à l'aide d'un emporte-pièce ;

→ soit en moulant le mélange dans un petit ramequin huilé. Dans ce cas-là, tassez bien les tartares avec le dos d'une fourchette, puis démoulez chaque tartare sur une assiette.

Pour lier les tartares

Pour qu'ils soient toujours réussis, le but est d'associer 2 ou 3 ingrédients (viande, poisson, légumes...) dont les saveurs se marient bien et de lier le tout avec, au choix :

- du guacamole ;
- du tarama – pensez aux différents taramas : oursin, truite... ;
- du Saint-Môret, de la ricotta, du Kiri ou encore du mascarpone ;
- de l'huile d'olive seule ou mélangée à de la tapenade, de la sauce *pesto* ou 1 filet de jus de citron ;
- du fromage blanc nature ou mélangé à des épices, des fines herbes ciselées, de la moutarde ou encore des œufs de lump ;
- de la mayonnaise.

Mon tartare est trop fade, je fais comment ?

Je lui ajoute tout un tas de petits trucs qui lui donnent du goût.

- Oignons blancs, ail, échalotes, émincés super finement.
- Jouez sur les huiles en dégainant des parfums qui changent : huile de pépins de raisin, de colza, de noix, de truffe ou de noisette. Attention ces huiles super parfumées méritent bien souvent d'être associées à une huile neutre (arachide ou tournesol).
- Quelques tomates confites ou filets d'anchois coupés en tout petits morceaux (avec des ciseaux pour aller encore plus vite).
- Câpres, cornichons et olives coupés en petits dés.
- Les fines herbes tout azimut : cerfeuil, persil plat, coriandre, estragon ou encore aneth, l'allié du poisson...
- Quelques gouttes de Tabasco ou quelques pincées de piment en poudre pour une note *spicy*.
- Pour vos tartares de bœuf, ayez le réflexe sauce Worcestershire ; ça fonctionne trop bien.
- Une lichette de moutarde et notamment de moutarde parfumée pour des saveurs originales.
- Sauce soja et vinaigre balsamique, c'est trop bon !
- Et bien sûr, les épices : cumin, paprika ou encore curry... que vous mélangerez à l'huile de l'assaisonnement.

Des présentations qui font sensation

Pour varier les plaisirs, pensez à présenter vos tartares différemment :

- dans un mini-verre transparent, type shot à vodka. Et hop des verrines parfaites à l'heure de l'apéro ;

- dans une feuille de salade (type sucrine, cœurs de laitue...) ou dans une feuille d'endive pour faire des bouchées ;
- sur une rondelle de concombre ;
- dans une cuillère chinoise en porcelaine pour des bouchées chic ;

- sur des triangles de pain de mie toasté ;
- directement sur un fond d'artichaut ;

- dans des coquilles Saint-Jacques vides pour vos tartares de poisson ;
- en mini-sandwich dans des pains navette ;
- enroulé dans des tranches de pain wrap ;
- pensez aussi aux toasts de pain brioché...

Les petits trucs en plus

- Lorsque vous utilisez des avocats dans une recette, choisissez-les pas trop mûrs pour éviter qu'ils ne s'écrasent trop.
- Pour gagner du temps, demandez à votre poissonnier qu'il enlève la peau et les arêtes des filets de poisson.
- Testez vos tartares façon aller-retour en les faisant poêler quelques instants de chaque côté. Et hop une nouvelle version de la recette !
- Pour couper facilement vos fines herbes, rincez-les puis déposez-les dans un verre et donnez-y des coups de ciseaux jusqu'à ce qu'elles soient ciselées.
- Pour aller plus vite, sachez qu'on trouve dans certains supermarchés du saumon frais déjà découpé en petits morceaux « spécial tartare ». Il est vendu en barquettes sous vide à côté du saumon fumé.
- Bon à savoir sur le thon cru : il existe un risque (faible) de parasitisme (anisaki) sur la chair du thon rouge cru non cuite et non surgelée. On vous conseille donc de consommer du thon cru ayant subi une congélation ; ceci dit, rassurez-vous le risque est faible.

Du côté des carpaccios

Comment couper des tranches fines de viande ou de poisson ?

1 Pour le poisson, ôtez la peau ainsi que les arêtes que vous enlèverez facilement avec une pince à épiler ; puis rincez les filets. Pour la viande, ôtez le gras s'il y en a.

2 Glissez le poisson (ou la viande) dans un sac de congélation et placez-le entre 20 et 30 min au congélateur pour le durcir afin de le découper facilement.

3 Puis, à la sortie du congélateur, découpez le poisson (ou la viande) en fines tranches à l'aide d'un bon couteau à large lame et sans dent. Sachez aussi que la trancheuse à jambon fait des miracles...

4 Pour éviter que vos carpaccios ne collent dans le fond des assiettes, huilez-les avant de répartir les tranches de poisson (ou de viande) en rosace.

Bon à savoir

- Et pour les légumes et les fruits, coupez-les en tranches très fines à l'aide d'un bon couteau, d'un couteau électrique ou idéalement d'une mandoline.
- Sachez qu'on peut trouver de la viande à carpaccio toute prête soit chez votre boucher, soit au rayon boucherie des supermarchés. Idéal pour aller plus vite. Idem pour les poissons : certains poissonniers vous les prépareront sans problème si vous faites les yeux doux...

Mon carpaccio manque de pep's

- Ajoutez des petits trucs qui croustillent : pignons de pin, pistaches, noisettes, noix de cajou, graines de sésame...
- Misez sur un max de saveurs avec des baies roses, graines de cumin, graines de coriandre...
- Ajoutez au centre 1 noisette de chantilly « maison » (cf. recette page 103).
- Testez aussi l'association carpaccio salé et sorbet. Vraiment inédit et très bon : sorbet au citron vert, au basilic, à la tomate...
- Pour une note acidulée, ajoutez des petits morceaux de citron confit ou le zeste d'1 citron vert non traité.
- Parsemez vos carpaccios d'éclats de fromage (tête de moine, beaufort, mimolette, cheddar, parmesan), de champignons émincés, de roquette rincée...

Vinaigrettes trop chouettes

Pour assaisonner vos carpaccios, voici quelques idées qui emballeront vos papilles.

La classique

1 poignée de noisettes entières
5 cuil. à soupe d'huile d'olive
2 cuil. à soupe de vinaigre balsamique
sel et poivre

→ Concassez grossièrement les noisettes dans un mortier. Puis mélangez tous les ingrédients de la recette.

Délicieux avec
Les carpaccios de légumes et ceux de bœuf.

L'asiatique

1 cm de racine de gingembre
4 cuil. à soupe d'huile de sésame
2 cuil. à soupe d'huile d'arachide
2 cuil. à soupe de sauce soja

→ Ôtez la peau beige du gingembre puis râpez-le sur les gros trous d'une râpe. Dans un bol, mélangez les huiles avec la sauce soja.

Délicieux avec
Tous les carpaccios de poisson (saumon, thon ou encore poisson blanc).

L'épicée

5 cuil. à soupe d'huile d'olive

2 cuil. à soupe de vinaigre balsamique

4 pincées de curry en poudre

2 pincées de piment en poudre (Cayenne ou Espelette)

→ Mélangez tous les ingrédients de la recette et hop c'est prêt !

Délicieux avec

Les carpaccios de légumes ou de poissons.

L'acidulée

1 morceau de citron confit

5 pincées de cumin en poudre

6 cuil. à soupe d'huile d'olive

2 cuil. à soupe de jus de citron

→ Coupez le citron confit en tout petits morceaux. Puis mélangez tous les ingrédients de la recette.

Délicieux avec

Les carpaccios de poissons et de Saint-Jacques.

Pour en faire un plat unique

Avec les carpaccios de bœuf

- Des frites croustillantes.
- Des pommes dauphine.
- Un gratin dauphinois.
- Une salade de haricots verts et champignons.
- Ou de la roquette directement servie au centre du carpaccio.

Avec les carpaccios de légumes

- Un beau plateau de charcuterie.
- Un beau plateau de fromage.
- Des tartines de tapenade ou d'anchoïade.

Avec les carpaccios de poissons

- Salade de mâche, de cresson ou de cœurs de laitue.
- Une purée de légumes (et notamment artichaut ou brocolis).
- Une belle purée de pommes de terre à l'huile d'olive.
- Une salade de tagliatelles de courgettes (que vous formerez avec un couteau économe).

À garder sous le coude

s'en sortir sans balance

→ Ce tableau vous donne les principales équivalences poids et volumes pour les ingrédients les plus courants.

Ingrédients	1 cuil. à café	1 cuil. à soupe	1 verre à moutarde
Beurre	7 g	20 g	–
Cacao en poudre	5 g	10 g	90 g
Crème épaisse	1,5 cl	4 cl	20 cl
Crème liquide	0,7 cl	2 cl	20 cl
Farine	3 g	10 g	100 g
Gruyère râpé	4 g	12 g	65 g
Liquides divers (eau, huile, vinaigre, alcools)	0,7 cl	2 cl	20 cl
Maïzena	3 g	10 g	100 g
Poudre d'amandes	6 g	15 g	75 g
Raisins secs	8 g	30 g	110 g
Riz	7 g	20 g	150 g
Sel	5 g	15 g	–
Semoule, couscous	5 g	15 g	150 g
Sucre en poudre	5 g	15 g	150 g
Sucre glace	3 g	10 g	110 g

Mesurer vos liquides

1 verre à liqueur = 3 cl

1 tasse à café = 8 à 10 cl

1 verre à moutarde = 20 cl

1 bol = 35 cl

Pour info

1 œuf = 50 g

1 noisette de beurre = 5 g

1 noix de beurre = 15 à 20 g

bien régler son four

→ Pas facile de connaître la température dans un four ! Voici une table très simple à utiliser et valable pour la plupart des appareils vendus dans le commerce.

Température (°C)	30	60	90	120	150	180	210	240	270
Thermostat	1	2	3	4	5	6	7	8	9

→ Les temps de cuisson donnés dans les recettes peuvent varier légèrement selon les types d'appareils. En effet, dans un four à chaleur tournante, les plats cuisent de manière plus homogène et plus vite que dans les fours qui chauffent à partir d'une source (four à gaz, four électrique).

Rappelez-vous aussi que pour réaliser une bonne cuisson, un préchauffage est toujours nécessaire.

les indispensables en cuisine

→ Pour cuisiner entre potes ou pour des potes sans souci, il faut avoir sous la main quelques produits tout simples, faciles à trouver.
Voici une petite liste de « basiques », grâce auxquels vous pourrez faire la grande majorité des recettes de cette collection.

Dans le placard

Épices

- Cannelle
- Coriandre
- Cumin
- Curry
- Gingembre
- Herbes de Provence
- Mélange quatre-épices
- Noix de muscade
- Paprika
- Poivre du moulin et concassé
- Thym
- Vanille en gousse

Liquides

- Huiles de tournesol, d'olive, de sésame et de noix
- Rhum (pour la pâtisserie)
- Vinaigres de vin, blanc, balsamique et de xérès
- Vin rouge et blanc sec

Condiments

- Moutarde forte et à l'ancienne
- Moutardes parfumées (à l'estragon, au poivre vert)
- Sauce *pesto*
- Sauce soja
- Sel fin et gros sel
- Tabasco
- Tapenade d'olives noires

Et aussi

- Amandes effilées
- Anchois, thon et sardines à l'huile d'olive
- Bouillon cube
- Câpres
- Chocolat à cuire et chocolat en poudre
- Cornichons
- Farine
- Fruits secs (amandes, raisins, pignons, noisettes, abricots, figues)
- Lait de coco
- Levure chimique
- Maïzena
- Miel
- Olives en boîte
- Pâtes de toutes formes
- Poudre de noisettes et poudre d'amandes
- Riz rond et riz parfumé
- Semoule
- Sucre en poudre, sucre glace et sucre vanillé
- Tomates en boîte, concentrées et séchées en bocal

Dans le réfrigérateur

Légumes

- Ail
- Carottes
- Citrons
- Échalotes
- Oignons
- Pommes de terre
- Tomates

Laitages et œufs

- Beurre
- Crème liquide
- Fromage frais
- Lait
- Œufs
- Parmesan

Et aussi

- Feuilles de brick
- Pâtes à tarte (brisée, sablée, feuilletée)

Dans le congélateur

Herbes et épices hachées

- Aneth
- Basilic
- Ciboulette
- Coriandre
- Gingembre haché
- Persil

Légumes

- Champignons de Paris
- Épinards
- Petits pois
- Tiges de citronnelle

Et aussi

- Pâtes à tarte (brisée, sablée, feuilletée)

avoir le bon matériel

→ Pas besoin de grand-chose pour faire de grandes recettes !
Voici une petite liste d'ustensiles à avoir dans la cuisine.

Cuire

- Casseroles (une grande et une petite)
- Moules à tarte et à pâtisserie
- Marmite en fonte
- Plaque à rôtir
- Poêles à fond antiadhésif (une grande et une petite)
- Wok (éventuellement)

Couper

- Aiguiseur à couteaux
- Couteau économe
- Gros couteau dit « éminceur »
- Petit couteau
- Petite planche à découper en plastique

Mélanger

- Saladiers
- Cuillères en bois
- Fouet
- Spatules

Divers

- Batteur électrique
- Essoreuse à salade
- Ficelle de cuisine
- Mixeur
- Passoires (une fine, une plus grosse), ou chinois
- Rouleau à pâtisserie
- Verre-doseur

Table des recettes

Retrouvez en couleur les « recettes pour épater ».

Table des matières

Ma recette qui dépote...

PUBLI-COMMUNIQUÉ

> Les ingrédients du confort DolceVita

- Des innovations au quotidien
- Des services pour encore plus de tranquillité
- Des conseillers toujours disponibles

DolceVita, le confort en toute sérénité

Cuisiner avec facilité et en toute sécurité, profiter d'une douce atmosphère, bénéficier de technologies innovantes et sûres... Avec DolceVita de Gaz de France, conjuguez confort, plaisir et sérénité au quotidien : l'esprit libre pour partager des moments privilégiés avec ceux que vous aimez.

> Le conseil de DolceVita

Entretenez les brûleurs de votre cuisinière

Pour profiter pleinement des performances du gaz naturel et de votre table de cuisson, nettoyez régulièrement les brûleurs. Certains signes vous indiquent le bon moment : la flamme n'est plus bleue mais jaune et devient irrégulière en noircissant le fond des casseroles. Un petit tour au lave-vaisselle et c'est reparti !

L'énergie est notre avenir, économisons-la !

Cuisson : les innovations en plus

- Souple et modulable, la flamme vous obéit instantanément pour saisir, mijoter, griller ou rôtir, et les dernières **innovations technologiques**, (nouveaux brûleurs, minuteurs, etc.) vous simplifient la vie au quotidien.
- Les + sérénité :

- Pour ses performances et la sécurité optimale qu'il procure, Gaz de France recommande **le système Vissogaz** pour le **raccordement de vos appareils de cuisson**. Parfaitement étanche, ce système ne peut ni s'arracher ni se déboîter.

- Autre innovation : un **thermocouple** coupe automatiquement l'arrivée de gaz si la flamme s'éteint accidentellement (courant d'air ou casserole qui déborde).

Chauffage et eau chaude : confort et services sur mesure

- Des bilans à domicile comme le **Diagnostic Qualité Gaz de France**, pour vérifier la qualité de votre installation (sécurité et performances) et corriger les éventuelles anomalies.
- Des **offres de financement** très compétitives pour améliorer ou rénover votre installation.
- L'esprit toujours tranquille avec des **services de maintenance** personnalisés, pour un confort quotidien... sans y penser !

- Le + sérénité : au moindre dysfonctionnement, les **chaudières dernière génération s'interrompent, en coupant d'elles-mêmes l'arrivée de gaz naturel**.

Installation et suivi : des Conseillers toujours disponibles

- Quel que soit votre projet, vous pouvez compter sur l'écoute et la disponibilité de votre **Conseiller Gaz de France**. Vos questions trouveront une réponse personnalisée et vous serez accompagné dans votre projet, étape par étape.

Gaz de France, SA au capital de 983 871 988 € - 542 107 651 RCS Paris
Photos : Médiathèque Gaz de France / C. Cayre / P. Delavie / P. Dureuil
Conception/Réalisation : UNEDITE

POUR EN SAVOIR PLUS SUR DOLCEVITA DE GAZ DE FRANCE

Appelez votre Conseiller Gaz de France au :

0 810 800 801 *(prix d'un appel local depuis un poste fixe)*

ou connectez-vous sur le site : **www.dolcevita.gazdefrance.fr**

Gaz de France *DolceVita*

Remerciements

Tout plein de mercis à nos potes Laurence et Stéphan, ainsi qu'à Brigitte, Nelly, Delphine, Anne, Johanna et Camille, la fine équipe d'Hachette.

Merci aussi à nos amoureux, nos supers copines Malo & Laetie, Elisa, Fleur & Valérie, Foufou, Laura, Matias, Darius et Honor ; et évidemment nos parents qui ont su faire de nous de bonnes vivantes. Sans oublier Flocon et Routoutou, toujours partants pour finir les restes !

Aude & Leslie

Lissa Streeter remercie :
Jean-Pierre Dieterlin, notre photographe voisin de palier et Winnie Bolande, une si compétente assistante styliste culinaire vraiment la bienvenue dans notre équipe !
Zéro One One : pp. 11 (bols en verre) 61 (bol) et 102 (verre en cristal) ; Marengo chez Zéro One One : pp. 41 (assiette) et 97 (assiette) ; BHV : pp. 13 (bols en verre) 57 (assiette et bol) et 68 (assiette ovale et bol) ; Coming B : p. 18 (petit plat à cake) ; Habitat : pp. 23 (assiette) 27 (bol) 29 (assiette) 36 (assiette ovale) 38 (assiette en forme de feuille) 41 (bol en forme de bateau) 62 (assiette ovale) 77 (assiette) et 83 (assiette) ; Le Bon Marché : pp. 29 (serviette brodée) et 73 (set brodé) ; Calvin Klein Home : p. 48 (set) ; Bambu chez le Bon Marché : p. 51 (mini assiette ovale) ; Villeroi Boch : p. 58 (verre rose) ; Crate and Barrel www.crateandbarrel.com : p. 62 (torchon) ; Sentou Gallerie : p. 74 (petites assiettes en verre) ; Jars chez Le Printemps : p. 98 (assiette).

Toutes les photos de reportage ont été réalisées par Philippe Vaurès-Santamaria.

Direction, Jean-François Moruzzi et Pierre-Jean Furet
Responsable éditoriale, Brigitte Éveno
Conception graphique, Dune Lunel
Réalisation, Les PAOistes
Préparation de copie et corrections, Delphine Pont et Anne Vallet
Fabrication, Amélie Latsch
Partenariats, Sophie Augereau (01 43 92 36 82)

L'éditeur remercie Nelly Mégret pour son aide précieuse et ses relectures attentives.

Imprimé en Espagne par Graficas Estella - dépôt légal : mai 2008
23.01.7301.02.7 • 978-2-0123-7301-3